# Diálogo com os Céticos

ALFRED RUSSEL WALLACE.

ALFRED RUSSELL WALLACE

# DIÁLOGO COM OS CÉTICOS

☙❧

BIBLIOTECA DE CIÊNCIA E ESPIRITISMO

Tradução e Notas
JÁDER DOS REIS SAMPAIO

© 2011 da tradução by Jáder dos Reis Sampaio
Direitos de publicação cedidos pelo tradutor ao
Instituto Lachatre
Rua Dom Bosco nº 44, Mooca
CEP 03.105-020 – São Paulo – SP

Tel./Fax (11) 2277-1747
site: http://www.lachatre.com.br
e-mail: editora@lachatre.org.br

PRODUÇÃO GRÁFICA DA CAPA
ANDREI POLESSI

REVISÃO
ALEXANDRE CAROLI ROCHA

GRÁFICA
Mark Press Brasil.

1ª edição - 1ª reimpressão – agosto de 2019

A reprodução parcial ou total desta obra, por qualquer meio,
somente será permitida com a autorização por escrito da Editora.
(Lei nº 9.610 de 19.02.1998)

Impresso no Brasil
Presita en Brazilo

---

CIP-Brasil. Catalogação na fonte

Wallace, Alfred Russell, 1823-1913.
    Diálogo com os céticos/ Alfred Russel Wallace; tradução de Jáder
dos Reis Sampaio – São Paulo, SP : Instituto Lachatre, 2019, 1ª Edição, 1ª
reimpressão.
ISBN: 978-85-63986-27-6

64 p.        Biblioteca de Ciência e Espiritismo

1. História do espiritismo. 2. História da ciência. 3. Espiritismo. I. Sampaio,
Jáder dos Reis. II. Bibliografia. III.Título.

CDD 133.9                    CDU 133.7

# SUMÁRIO

Apresentação (Astrid Sayegh), p. 7

A queda do muro de Hume (Prefácio do tradutor), p. 13

Diálogo com os céticos, p. 19
Definição do termo 'milagre', p. 22
A evidência da realidade dos milagres, p. 24
A natureza contraditória das afirmações de Hume, p. 28
Objeções modernas aos milagres, p. 35
A incerteza dos fenômenos assegurados pelo espiritualismo moderno, p. 38
A necessidade do testemunho científico, p. 39
Revisão das afirmações do Sr. Lecky sobre os milagres, p. 42
É a crença em milagres uma sobrevivência do pensamento selvagem?, p. 50

Vocabulário, p. 55
Índice analítico, p. 61

# APRESENTAÇÃO

Vive-se hoje uma ciência engrandecida pela técnica, voltada para abordagens fenomenológicas, mas que, talvez por um legado positivista, caracteriza-se ainda por um ceticismo extremado. Por outro lado, parece-nos que convicções religiosas se multiplicam, sem muitos critérios, fundadas em concepções míticas ou dogmáticas sobre milagres e prodígios de toda sorte. Desse modo, a presente reflexão de Wallace se faz bastante oportuna, no sentido de trazer novamente à luz a questão dos fenômenos ditos espiritualistas que, se considerada com precisão e discernimento, certamente trará ao homem novas concepções sobre a realidade existencial. Tratar-se-ia, pois, de uma questão da ciência empirista ou de religião?

Não cabe mais em nossos dias negar antecipadamente os fatos designados por *milagres*, qual faziam os céticos à época do espiritualismo moderno; cumpre hoje ter a ousadia de buscar métodos adequados à problemática dos novos tempos. Hume negava *a priori* os milagres e os reduzia a mera concepção do senso comum, dos homens sem espírito crítico, ou ainda, como afirmava o Sr. Lecky, só acreditam nesses milagres pessoas de condições mentais favoráveis à ilusão. Os ditos milagres passaram a ser considerados questões ingênuas por parte dos céticos, os quais, parece-nos, assumem uma postura dogmática ao negar *a priori* a legitimidade desses fenômenos. Seria uma questão para raciocínios abstratos? Teorias que antecedem aos fatos poderiam dar a última palavra a respeito? Ora, o milagre, ou o fenômeno, particularmente o espírita, não deve ser julgado a partir de especulações abstratas, nem tampouco compete à ciência experimental, mas a uma nova ordem de pesquisa, a uma ciência nova e restaurada.

Importa, antes de se estabelecer uma reflexão metódica a respeito, partir de definições precisas para não se cair em polêmicas infrutíferas. Qual a definição de *milagre*, antes de negá-lo? Segundo Hume, "um milagre é uma violação da lei da natureza". Cumpre questionar: competem os ditos milagres, ou fenômenos espiritualistas, às ciências da natureza? Afirma ainda Hume que os milagres são uma transgressão da lei por vontade divina. Seriam então uma questão de religião? Ora, se assim for, como pode Deus se manifestar contra as leis da natureza que ele mesmo criou?

Curiosamente o próprio Hume admite que o milagre considerado como questão religiosa acaba sendo uma questão de sistema particular e, portanto, os sistemas acabam por destruírem-se uns aos outros. Talvez o erro fosse justamente considerar fenômenos como uma questão de sistemas particulares, quando na verdade trata-se de fatos que requerem objetividade pela própria universalidade. Em assim sendo, esses fenômenos, se considerados séria e metodicamente, e de forma objetiva, não deveriam ser abordados independentemente do preconceito dos sistemas? Parece-nos, ainda, que recorrer a questões religiosas é corroborar a incapacidade do ceticismo de explicar o que não consegue pela via meramente empirista, e por não conseguir abarcar o objeto em questão, denomina-o milagre.

Vê-se assim que, de um lado, tudo o que as ciências da matéria não conseguem explicar é considerado inexistente e, por outro, tudo o que se funda em causas imateriais é considerado superstição. Temos assim a postura dos materialistas, que negam *a priori* a possibilidade de fenômenos ditos milagrosos, justamente porque negam *a priori* qualquer possibilidade de uma causa imaterial, e por não admitirem a causa, negam o efeito. Uma crítica judiciosa deve dar provas não somente de erudição, mas de uma análise metódica dos fatos.

Wallace, contemporâneo à filosofia espírita, que surge em meio a essa conjuntura do espiritualismo moderno, afirma que esses fenômenos, e não milagres, são produzidos pela ação de um agente imaterial, ou seja, inteligências sobre-humanas, ou ainda espíritos manifestando-se fora do corpo. Do mesmo modo que Wallace, Allan Kardec, após rigorosa análise, per-

David Hume

cebe nos fenômenos algo de voluntário e intencional, portanto uma causa de natureza inteligente: "Fenômenos que escapam às leis da Ciência ordinária manifestam-se por toda parte – afirma *O livro dos espíritos* – e revelam como causa a ação de uma vontade inteligente".[1] Ora, afirma Kardec em *O livro dos médiuns*, se a causa não é mecânica, ultrapassa, portanto, a alçada da ciência ordinária, ou ciência experimental material. Assim, ao afirmar que o milagre é uma violação da lei natural, Hume não foi muito preciso, pois faltou-lhe dizer que este ultrapassa em verdade a lei natural, e não há uma violação.

Se os fenômenos são incertos, como Hume mesmo afirma, e estão fora de controle, é porque revelam uma causa intencional e, portanto, inteligente. No entanto, valendo-se de métodos voltados para a realidade sensível, ele exige provas de uniformidade de uma causa que não pode ser uniforme. Portanto, a negação da metafísica, assim como de causas inteligentes que regem os fenômenos, advêm de raciocínios mal formulados e métodos inadequados. O leitor criterioso verificará que trata-se, segundo os casos relatados, de fenômenos psíquicos, e que vão além da competência da física ou da química. Efetivamente, importa estabelecer de antemão uma diferença entre fenômenos que pertencem à ordem física e fenômenos que pertencem à ordem psíquica ou ordem do espírito.

Os fenômenos naturais podem ser provocados e repetidos à vontade, daí a possibilidade de se fundarem em leis uniformes como exigem os céticos; mas quando se trata da ordem do voluntário, da inteligência, não podem ser experimentados ou provocados, pois se caracterizam pela espontaneidade; nem tampouco podem ser repetidos segundo leis uniformes, porque escapam ao determinismo da matéria, justamente por se tratar de causas inteligentes e, portanto, livres. Não se pode confundir a ordem inteligente ou espiritual com a ordem material, e para

---

[1] KARDEC, A. *O livro dos espíritos*, "Prolegômenos". Tradução de J. Herculano Pires.

tanto são necessárias precisão metódica e adequação a realidades de natureza oposta. Trata-se de duas ordens ou causas de naturezas diferentes, e Kant apenas considerou a face manifesta dos fenômenos, restringindo o objeto à experiência sensível, mas não considerou o *noumeno*, ou a causa essencial. A ordem material fornece a visão do aparente, mas não abarca o real significado, a verdadeira causa do fenômeno – e não mais 'milagre'.

O que faltou aos céticos foi precisão, mas precisão segundo os termos de Henri Bergson – defensor do espiritualismo moderno –, que consiste em não considerar indiscriminadamente as diferentes ordens, a do espírito e a da matéria; não se pode confundir determinismo e repetição com liberdade e espontaneidade, uniformidade com imprevisibilidade, sob pena de comprometer a autoridade epistemológica. Como se pode falar de leis uniformes do domínio da matéria inerte para explicar gêneros do domínio da vida e da inteligência? Por empregar métodos inadequados é que a ciência ordinária ou experimental não consegue explicar plenamente, conforme afirmavam Wallace e Kardec, as causas inteligentes de rica fenomenologia, e passa a tratá-los preconceituosamente de superstição e milagre.

Vamos nos valer do nexo causal sim, todo efeito inteligente tem uma causa inteligente, como afirma o axioma espírita, mas nem por isso se pode restringir o conhecimento ao método indutivo e de generalização, pois não se trata de experimentos invariáveis, mas de *fatos*, e fatos de uma ordem diferente. Não cumpre, pois, ao ceticismo negar os fenômenos *a priori*, mas sim partir de uma consciência ingênua, não preconceituosa, para considerar abertamente os fatos, os quais escapam à identidade e mesmidade das leis da matéria. Corre-se o risco de imprecisão, epistemologicamente falando, quando se transferem raciocínios da visão fenomênica para a ordem do espiritual. A explicação para esses fenômenos são leis espirituais, e não leis da matéria, como afirma a filosofia espírita.

Disto decorre a necessidade de novos métodos adequados ao objeto que se pretende, os quais podem partir de procedimentos empiristas, mas que vão mais além. A ciência do espírito ultrapassa a ciência experimental, mas continua sendo científica do ponto de vista epistemológico. É assim que "a filosofia – afirma Philonenko, em alusão ao pensamento de Henri Bergson –, claramente consciente da dualidade das ordens, pode reivindicar o título de ciência rigorosa".[2] Isso significa que o empirismo não pode prescindir de uma abordagem filosófica que antecede logicamente à dedução científica.

Que possamos, pois, diante da nova civilização que se inaugura, buscar métodos novos para questões novas, buscar uma ciência inovadora, mais compreensiva, e que não se restrinja a métodos prontos e acabados. Que o leitor possa valer-se desse desafio, diante de questões tão atuais, diante de tão instigante leitura.

Astrid Sayegh

---

[2] PHILONENKO, A. *Bergson ou la philosophie comme science rigoureuse*, p. 341.

# Prefácio do tradutor
# A queda do muro de Hume

Uma vez fragilizada a união entre o poder temporal do Estado e o poder espiritual da Igreja no Antigo Continente, encerra-se aos poucos o triste capítulo da santa Inquisição, exemplo principal da expressão "milênio das trevas", devoradora de sábios e de filósofos. A pluralidade de pensamentos brota em toda parte e as ciências nascentes ganham novo incentivo, em parte devido ao seu emprego na forma de tecnologia, subsidiando a acumulação de capital, em parte pelos avanços na medicina e na filosofia, vencendo flagelos da humanidade com a bioquímica e as novas descobertas da fisiologia.

A poderosa Inglaterra do século XX, divorciada da influência eclesiástica romana desde os tempos

Auto-de-fé promovido pela Inquisição

de Henrique VIII e da Rainha Virgem, pioneira da Revolução Industrial do Ocidente, encontrava-se na vanguarda das instituições científicas, muito consolidadas e mais livres em sua atuação do que suas coirmãs do continente.

Foi nesse cenário que um inglês ilustre, colaborador da Sociedade Britânica para o Avanço da Ciência, e coautor, com Charles Darwin, na construção da teoria da evolução das espécies com base na seleção natural, lançou-se com o instrumental teórico do empirismo para o estudo do alegado mundo dos espíritos. O século do positivismo foi também o berço do espiritualismo moderno nos países anglo-saxões e latinos. Cidadãos ilustres do Império Britânico anunciavam-se espiritualistas, como o famoso Robert Owen, que se converteu em sessões mediúnicas.

O espiritualismo moderno era, contudo, recebido com indiferença e frieza pelos então chamados sábios: professores, pesquisadores e cientistas das mais afamadas universidades e sociedades científicas da época. Entre eles vigiam os argumentos contundentes do empirista David Hume, que até os nossos dias ainda é lido e pesquisado pelos estudiosos da filosofia e de outras áreas do conhecimento.

Ainda no arquipélago malaio, ao receber notícias dos feitos de médiuns e dos trabalhos de espiritualistas dos dois lados do Atlântico, Wallace decidiu estudar esses curiosos fenômenos, o que iniciou após o retorno às ilhas britânicas, em 1862.

Aos poucos, Wallace e sua franca honestidade intelectual enovelaram-se nas ideias e no movimento espiritualista, ao passo que sistematicamente colhia suas observações e teorizava a partir de seus experimentos.

A acolhida de seu primeiro opúsculo[3] sobre o tema foi fria e constrangedora. Homens de ciência honrados não se dignaram examinar os temas propostos por aquele cavalheiro. Uma

---

[3] *The scientific aspect of the supernatural*, que traduzimos com o título *O aspecto científico do sobrenatural*, agora em sua segunda edição.

DIÁLOGO COM OS CÉTICOS 15

névoa de frieza britânica envolveu o nome e os trabalhos do naturalista de Usk.

Seu nome, livros e notoriedade, contudo, não permitiram seu afastamento dos círculos científicos, com os quais continuou a contribuir e publicar.

Uma oportunidade se abriu com a constituição da Sociedade Dialética de Londres, que em 1869 começou a investigar os chamados fenômenos espirituais e relatar seus resultados. Composta de céticos, sacerdotes, espiritualistas e profissionais de diversas tendências, não tardou a comunicar em 1870 e a publicar no ano seguinte um relatório favorável à existência dos fenômenos, que afirma a existência de "evidências de discurso em transe, curas, escrita automática, introdução de flores e frutos em salas fechadas, vozes no ar, visões em vidros e cristais" e expansão do corpo humano. Esse trabalho foi recebido com furor pela imprensa britânica, que demonstrava o tom hostil com que grande parte da intelectualidade, engaiolada no seu espírito de época, acolhia as pesquisas sobre temas espiritualistas.

O trabalho que ora traduzimos é uma conferência realizada por Wallace diante dos membros da Sociedade Dialética, logo após a publicação acima citada.

Penso que sua intenção foi desconstruir o décimo capítulo das *Investigações acerca do entendimento humano*, trabalho notável do empirista-cético, bem como confrontar outros autores de sua época, hostis à possibilidade da pesquisa empírica do espiritualismo.

Com a paciência de um naturalista, Wallace isolou os principais argumentos de David Hume contra os fenômenos e demonstrou com calma seu caráter falacioso.

Wallace defende com lógica e retórica a validade do testemunho dos fatos, a limitação do conhecimento humano sobre as leis naturais e as possibilidades do empirismo ante a análise dos fenômenos chamados espirituais. Diante dos efeitos físicos e inteligentes, estava rompida a barreira que impedia o uso clássico da observação, constatação de regularidades e teorização a partir dos fatos. O leitor irá encontrar ao longo da dissertação a referência aos fenômenos com a denominação de *milagres*. Hoje se entende milagre como uma interferência de Deus ou dos santos na natureza. Foi exatamente com esta ideia que cientistas e população do século XIX acolheram os fenômenos de efeitos físicos atribuídos aos espíritos. Como já havia uma vasta literatura descritiva e testemunhal sobre os considerados milagres, Wallace partiu de um termo conhecido e execrado, utilizado por Hume, para o desenvolvimento de sua teoria empírica do espiritualismo.

Na conclusão deste trabalho, abriu-se uma janela na cerrada parede do ceticismo filosófico para a apreciação de trabalhos que se multiplicariam, como os de William Crookes, os de William F. Barrett, os de Cromwell Varley, os da Comissão Seybert e os de muitos outros, que engrossariam as fileiras do espiritismo franco-brasileiro, da metapsíquica, da parapsicologia e de uma multiplicidade de novos campos da pesquisa que foram se autodenominando, buscando algum tipo de diferenciação dos demais. Wallace demonstrara que a impossibilidade na pesquisa empírica de fenômenos que se mostram aos sentidos não é mais que preconceito.

Jáder Sampaio

"Um ceticismo presunçoso que rejeita fatos sem o exame de sua veracidade é, de alguma forma, mais injurioso que a credulidade incondicional."

Humboldt

"Um bom experimento é mais valioso do que a ingenuidade de um cérebro como o de Newton. Fatos são mais úteis quando contradizem do que quando confirmam teorias aceitas."

Sir Humphry Davy

"Em qualquer área da ciência, o observador perfeito terá seus olhos, por assim dizer, abertos, de modo que possam ser imediatamente tomados de surpresa por qualquer evento que, *de acordo com teorias aceitas, não deveria acontecer*, pois estes são os fatos que servem como pistas para novas descobertas."

Sir John Herschel

"Antes que a própria experiência possa ser utilizada com proveito, há um passo preliminar a ser dado, e que depende totalmente de nós mesmos; é a limpeza absoluta da mente, dela extirpando todo e qualquer preconceito, e a determinação de aferrar-se ao resultado de um apelo direto aos fatos, em um primeiro momento, e à dedução lógica estrita a partir deles, posteriormente."

Sir John Herschel

"No que concerne à questão dos milagres, eu posso apenas dizer que a palavra 'impossível' não é, para a minha mente, aplicável em termos de filosofia. Que as possibilidades da natureza sejam infinitas é um aforismo com o qual eu costumo aborrecer os meus amigos."

Professor Huxley

# DIÁLOGO COM OS CÉTICOS
(Uma resposta aos argumentos de Hume, Lecky e outros contrários aos milagres)

– Artigo lido ante a Sociedade Dialética em 1871 –

Admite-se, geralmente, que opiniões e crenças em meio às quais os homens foram educados geração após geração, e que têm feito parte de sua natureza mental, são especialmente propensas a serem errôneas, porque elas mantêm vivas e perpetuam ideias e preconceitos de uma era ultrapassada e menos iluminada. É, por consequência, no interesse da verdade que toda doutrina ou crença, por mais bem estabelecidas ou consagradas que pareçam ser, devem em certos momentos ser desafiadas a armar-se com os fatos e raciocínios que possuem, para encontrar-se com seus oponentes no campo aberto da controvérsia, e batalhar pelo seu direito de existir. Não se pode defender qualquer exceção em favor das crenças que são o produto da civilização moderna, e que têm sido mantidas sem questiona-

Alfred Russell Wallace

mento, por diversas gerações, pela grande maioria da comunidade instruída; razão pela qual o preconceito em seu favor será proporcionalmente grande. Como foi o caso da doutrina de Aristóteles e os dogmas da escolástica, elas podem sobreviver simplesmente pelo peso da autoridade e pela força do hábito, muito tempo depois de se ter mostrado estar em dissonância com os fatos e a razão. Houve momentos em que as crenças populares foram defendidas pelos terrores da lei, e os céticos só as puderam atacar colocando em perigo a sua própria vida. Agora todos admitimos que a verdade pode tomar conta de si mesma, e que apenas o erro precisa de proteção. Mas há outra forma de defesa que igualmente implica uma reivindicação da verdade certa e absoluta, e que é, por consequência, igualmente inválida e não filosófica – aquela do ridículo e da deturpação dos nossos oponentes, ou uma recusa desdenhosa de discutir a questão. Este método é usado dentre nós até os dias de hoje por aqueles que creem, ou melhor, não creem, cujas defesas reivindicam mais que a infalibilidade papal, recusando-se a examinar as evidências trazidas contra elas, e alegando argumentos gerais que têm estado em uso por mais de dois séculos para provar que não podem estar errados. A crença à qual me refiro é a de que os milagres são falsos; que o que é normalmente compreendido com o termo *sobrenatural* não existe, ou, se existe, é impossível de ser provado a partir de qualquer testemunho humano; que todos os fenômenos sobre os quais podemos ter conhecimento dependem de leis físicas verificáveis, e que nenhum outro ser inteligente que não o homem ou os animais inferiores pode agir sobre o mundo material. Estas visões foram mantidas quase inquestionáveis por muitas gerações; elas são incutidas nas pessoas como se fossem uma parte essencial de uma educação liberal; elas são populares e são tidas como uma das indicações de nosso avanço intelectual; e elas se tornaram parte de nossa natureza mental de tal forma que todos os fatos e argumentos trazidos em contrário

# DIÁLOGO COM OS CÉTICOS 21

são ignorados por serem indignos de uma consideração mais séria, ou ouvidos com indisfarçável desprezo. Esta mentalidade certamente não é favorável à descoberta da verdade, e assemelha-se notadamente aos sistemas de erro que, em eras passadas, foram criados e mantidos. Veio o tempo, contudo, em que se tornou necessário justificar estes sistemas. Isto é essencial, porque a doutrina, seja verdadeira ou falsa, acaba por repousar em bases inseguras e falidas. Por este motivo eu me proponho a mostrar que os melhores argumentos nos quais se confia até o presente para comprová-la são, de todo, falaciosos, e nada do gênero consegue provar. Contudo, uma teoria ou crença pode ser sustentada por argumentos muito ruins e, ainda assim, ser verdadeira, ao mesmo tempo que pode ser sustentada por argumentos muito bons e ser falsa; mas nunca houve teoria verdadeira que não tivesse nenhum argumento bom a sustentá-la. Se, porém, todos os argumentos empregados até então contra os milagres em geral forem considerados ruins, este trabalho fará com que os céticos descubram argumentos melhores, e se não puderem fazê-lo, a evidência favorável aos milagres será amplamente encontrada e analisada em seus méritos, e não julgada sumariamente como vem sendo feito.

Perceber-se-á, então, que o meu presente propósito é limpar o terreno para discutir a grande questão do que é chamado de sobrenatural. Eu não trarei argumentos favoráveis e contrários à proposição principal, mas restringir-me-ei a um exame das alegações e raciocínios que supostamente estabeleceram a questão em diferentes bases.

Um dos mais notáveis trabalhos do grande filósofo escocês David Hume intitula-se *Uma investigação acerca do conhecimento humano*, e o décimo capítulo deste trabalho denomina-se "Sobre os milagres", no qual se encontram argumentos que são geralmente citados para demonstrar que nenhuma evidência pode comprovar um milagre. O próprio Hume tinha em alta conta esta parte de seu trabalho, visto que ele afirmou no início do capítulo: "Congratulo-me por ter descoberto um argumento de natureza análoga que, se for legítimo, servirá de obstáculo eterno, junto aos sábios e doutos, a toda espécie de ilusão supersticiosa e, por conseguinte, será de utilidade enquanto existir o mundo, porque presumo que em todos os tempos da história sagrada e profana encontrar-se-ão relatos de prodígios e de milagres."[4]

## Definição do termo 'milagre'

Após algumas poucas observações sobre a natureza da evidência e o valor do testemunho humano em diferentes casos, ele prossegue definindo o que ele entende por milagre. Aqui, no início do assunto, achamos que é necessário criar objeções à definição de milagre de Hume, que apresenta pressupostos infundados e falsas premissas. Ele dá duas definições em diferentes partes de seu ensaio. A primeira é: "Um milagre é uma violação das leis da natureza". A segunda é: "Um milagre é uma transgressão de uma lei natural por vontade própria da divindade, ou pela interposição de algum agente invisível". Ambas as definições são ruins ou imperfeitas. A primeira assume que nós conhecemos todas as leis da natureza; que o efeito particular não poderia ser produzido por nenhuma lei natural desconhecida que ultrapassasse a lei que conhecemos; ele assume, portanto, que se uma inteligência invisível mantiver uma maçã suspensa no ar, este ato violaria a lei da gravidade. A segunda não é precisa; ele deveria ter escrito "um agente inteligente invisível", de outra forma a ação do galvanismo ou eletricidade, quando estes agentes foram inicialmente descobertos, e antes que se tivesse certificado que fizessem parte da ordem natu-

---

[4] Transcrito da tradução de Anoar Aiex, publicada no Brasil pela editora Nova Cultural, assim como todos os outros trechos de Hume citados neste volume. (Nota do tradutor)

ral, atenderiam precisamente a esta definição de milagre. As palavras "violação" e "transgressão" são ambas empregadas impropriamente, e realmente exige-se uma melhor definição. Como Hume sabe que qualquer milagre particular é uma violação de uma lei natural? Ele assume isto sem qualquer sombra de prova, e sobre essas palavras, como vimos, repousa todo o seu argumento.

Antes de prosseguirmos, é necessário considerar qual é a definição verdadeira de um milagre, ou o que normalmente tal palavra significa. Um milagre, entendido como algo distinto de um fenômeno natural novo e desconhecido, supõe um agente inteligente sobre-humano, seja visível ou invisível. Não é necessário que o que seja feito esteja além da capacidade humana. A mais simples ação, se desempenhada independentemente da atuação humana ou visível, tal como uma taça de chá erguida ao ar sob o comando de uma mão invisível e sem causa assinalável, seria universalmente considerada como um milagre, tanto quanto a elevação de uma casa no ar, a cura instantânea de uma ferida ou a produção instantânea de um desenho. É verdade que os milagres são geralmente considerados, seja direta ou indiretamente, como decorrência da ação de uma divindade; e algumas pessoas não admitirão, talvez, que qualquer evento que não o seja receba o nome de milagre. Mas isto é avançar uma hipótese improvável, e não dar uma definição. Não é possível provar que qualquer evento supostamente miraculoso é ou um ato direto de Deus, ou indiretamente produzido por Ele para provar a missão divina de algum indivíduo, mas deve ser possível provar que são produzidos pela ação de algum ser inteligente invisível preter-humano[5].

[5] O prefixo latino *preter-* tem diversos significados, como além, ao longo de, em oposição a, acima de. Embora existisse a palavra preterhuman, Wallace prefere deixar o prefixo com hífen, o que sugere que ele quer dar um sentido próprio ao termo. Wallace e os espíritas não consideram os espíritos supostamente superiores aos seres humanos, nem sobrenaturais, no sentido de não pertencerem à natureza. Camille Flammarion preferiu

# ALFRED RUSSEL WALLACE

A definição de um milagre que eu proporia é a que se segue: "Qualquer ato ou evento que implica, necessariamente, a existência e atuação de inteligências sobre-humanas", em que se considera a alma humana ou espírito, manifestando-se fora do corpo, como uma destas inteligências sobre-humanas. Esta definição é mais completa que a de Hume, e define com mais precisão a essência do que é comumente chamado de milagre.

## A evidência da realidade dos milagres

Agora temos que considerar os argumentos de Hume. O primeiro é o que se segue:

> "Um milagre é uma *violação das leis da natureza*[6]; e como uma constante e *inalterável experiência* estabeleceu estas leis, a prova contra o milagre, devido à própria natureza do fato, é tão completa como qualquer argumento da natureza que se possa imaginar. Por que é mais do que provável que todos os homens devem morrer; que o chumbo não pode *por si mesmo permanecer suspenso no ar*; que o fogo consome a madeira e que, por sua vez, a água o extingue; a não ser que estes eventos estão de acordo com a lei da natureza, e que é preciso uma *violação destas leis*, ou em outras palavras, um *milagre* para impedi-los? Nada é considerado um milagre se ocorre no curso *normal* da natureza. Não é um milagre que um homem, aparentemente de boa saúde, morra subitamente, pois

o termo *desconhecido* ao termo *sobrenatural*, entendendo que a realidade vivida pelos espíritos é parte da natureza, mas ainda desconhecida pela ciência de seu tempo. Wallace parece usar o termo para significar a existência de inteligências que não são de homens corporais. A expressão latina *praeter legem*, por exemplo, significa o que não é regido pela lei e não o que está acima da lei. Ante esta sutileza, e na existência do prefixo em língua portuguesa, segundo o Houaiss, considerei melhor manter a expressão. (Nota do tradutor)

[6] Os itálicos ao longo dos trechos de Hume aqui referidos, assim como em citações de outros autores, foram colocados por Wallace. (Nota do tradutor)

# DIÁLOGO COM OS CÉTICOS

verifica-se que tal gênero de morte, embora mais incomum que qualquer outro, ocorre frequentemente. Mas é um milagre que um morto possa ressuscitar, porque *isto nunca foi observado em nenhuma época e em nenhum país*. Portanto, deve haver uma experiência uniforme[7] contra todo evento miraculoso, senão o evento não mereceria esta denominação. E, como uma experiência *uniforme* equivale a uma *prova*, há aqui uma *prova* direta e completa, tirada da natureza fática contra a existência de um milagre; uma tal prova não pode ser destruída nem o milagre fazer-se crível senão por meio de uma prova oposta que lhe seja superior."

Este argumento é radicalmente falacioso, porque, se fosse correto, nenhum fato perfeitamente novo poderia jamais ser provado, já que a primeira e toda outra testemunha que se sucedesse teria que assumir ter uma experiência universal contra ele. Simples fatos como a existência de peixes voadores nunca poderiam ser provados, se o argumento de Hume fosse bom; já que o primeiro homem que os visse e descrevesse teria contra ele a experiência universal que afirma que os peixes não voam, nem fazem qualquer coisa semelhante a voar. Com sua evidência sendo rejeitada, o mesmo argumento se aplicaria ao segundo observador, e a cada testemunho subsequente; e então nenhum homem nos nossos dias que não tivesse visto um peixe voador vivo, e voando, poderia acreditar que tal coisa exista.

---

[7] Na concepção do empirismo psicológico de Hume, as leis da natureza teriam por base primeira a observação ou a percepção através dos sentidos de fenômenos por diferentes cientistas. Uma vez estabelecida uma lei da natureza, ela teria esta uniformidade de compreensão dos fatos por parte da comunidade científica. Wallace vai argumentar que, apesar desta uniformidade, as leis da natureza descritas pelos cientistas são passíveis de modificação e tal se dá a partir de uma experiência contraditória rigorosa, que se opõe à aceita. (Nota do tradutor)

Novamente, operações indolores em um estado produzido por passes de mãos[8] seriam, na primeira metade do presente século, consideradas contrárias às leis da natureza, contrárias a toda experiência humana e, portanto, inaceitáveis. Para os princípios de Hume, elas seriam milagres, e nenhuma quantidade de testemunhos poderia jamais provar serem reais. Estas agora são admitidas como fatos genuínos pela maioria dos fisiologistas, que até tentaram, de forma não muito bem sucedida, explicá-las. Mas os milagres não são únicos, como foi proposto – fatos isolados que se opõem à experiência uniforme. Milagres reconhecidos abundam em todos os períodos da história; cada um apresenta um exército de outros preparando o seu caminho; e cada um apresenta fatos estritamente análogos, testemunhados até os dias presentes. A experiência uniforme oposta, contudo, em que Hume deposita tanta ênfase, não existe. O que, por exemplo, pode ser mais extraordinário que a levitação ou elevação do corpo humano no ar sem causa visível, considerando-se que este fato tem sido testemunhado há séculos e séculos?

Alguns poucos exemplos bem conhecidos são os de São Francisco de Assis, que foi visto muitas vezes por diversas pessoas flutuando no ar, e o fato foi testemunhado por seu secretário, que podia apenas alcançar os seus pés. Santa Teresa, uma freira de um convento da Espanha, era frequentemente alçada aos ares às vistas de sua irmandade. Lord Orrery e o Sr. Valentine Greatrak informaram ambos ao Dr. Henry More e ao Sr. Glanvill que na casa de Lord Conway, em Ragley, Irlanda, um mordomo, diante de sua presença e à luz do dia, subiu aos ares e flutuou ao redor da sala sobre as suas cabeças. Este fato é relatado por Glanvill em seu *Sadducismus Triumphatus*. Um

---

[8] Antes do uso do hipnotismo com finalidade anestésica, o mesmerismo cumpria este papel. Hoje o desenvolvimento dos anestésicos químicos tornou tal prática quase desconhecida pelos profissionais de medicina e odontologia. (Nota do tradutor)

fato similar é relatado por testemunhas oculares de Inácio de Loyola; e o Sr. Madden, em seu livro *Vida e martírio de Savonarola*, após narrar uma circunstância similar deste santo, enfatiza que fenômenos semelhantes são relatados em instâncias numerosas, e que as evidências sobre as quais repousam algumas destas narrativas são tão confiáveis quanto qualquer testemunho humano pode ser. Butler, em seu *Vidas dos santos*, diz que muitos destes fatos são narrados por pessoas de indubitável veracidade, que afirmam terem sido elas próprias testemunhas oculares dos fatos. Todos nós sabemos que pelo menos cinquenta pessoas de alto caráter podem ser encontradas em Londres que testemunharão terem visto a mesma coisa acontecer ao Sr. Home. Eu não menciono este testemunho como prova de que as circuns-

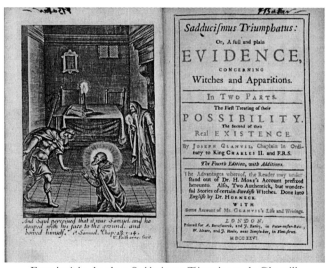

Frontispício da obra *Sadducismus Triumphatus*, de Glanvill

tâncias relatadas realmente aconteceram; eu apenas as trouxe neste momento para mostrar o quão absolutamente infundado é o argumento de Hume, que repousa sobre a suposição do testemunho universal de um lado e de nenhum testemunho do outro.

Célebre imagem de Daniel Dunglas Home levitando

## A natureza contraditória das afirmações de Hume

Eu preciso mostrar, agora, que nos esforços de Hume para provar este ponto, ele se contradiz de uma maneira tão grosseira e completa, de uma forma que, talvez, não se encontre em qualquer trabalho de outro autor eminente. A primeira passagem que eu irei citar é a seguinte:

> "Porque, em primeiro lugar, *não se pode encontrar* em *toda a história* nenhum milagre testificado por um *número suficiente* de homens de tão indubitável *bom senso, educação* e *instrução* que nos assegurassem, contra todo logro de sua parte; de tão indubitável *integridade* que os pusesse fora de qualquer suspeita de querer enganar os outros; de tal crédito e de tal reputação aos olhos dos homens que perderiam muito se fossem des-

# Diálogo com os Céticos

cobertos em alguma falsidade; e, ao mesmo tempo, testificando fatos realizados de um *modo tão público* e numa *parte do mundo tão famosa* que seria inevitável a descoberta da falsidade; todas essas circunstâncias são necessárias para fornecer-nos completa segurança no testemunho humano."

Algumas páginas depois, encontramos a seguinte passagem:

"Certamente, não houve jamais maior número de milagres atribuídos a uma só pessoa do que aqueles, diz-se, que foram realizados recentemente na França sobre o túmulo do abade Paris, o célebre jansenista, cuja santidade serviu para ludibriar por muito tempo o povo. A cura das doenças, a restituição da audição aos surdos e da visão aos cegos, eram, no consenso geral, os efeitos habituais deste santo sepulcro. Mas, o que é mais extraordinário, *numerosos milagres foram verificados imediatamente no mesmo lugar*, ante *juízes de integridade indiscutível*, certificados por *testemunhas de boa reputação e distinção*, numa *época instruída* e no local de *maior destaque atualmente no mundo*. Além disso, um relatório dos milagres foi publicado e difundido por toda parte; e os jesuítas, embora formassem uma elite instruída, apoiados pelo magistrado cível e inimigos inveterados das opiniões em favor das quais, diz-se, os milagres tinham sido realizados, jamais *foram capazes de refutá-los ou desmascará-los* claramente. Onde encontraremos tal número de circunstâncias concordantes na corroboração de um fato? O que podemos opor a semelhante nuvem de testemunhas senão a absoluta *impossibilidade* da *natureza miraculosa* dos eventos que relatam? E isso, certamente, aos olhos de todas as pessoas razoáveis, por si só será considerado como uma refutação suficiente."

Na segunda passagem, ele afirma a existência de cada qualidade e fato singulares que, na primeira passagem, ele declara nunca haver existido (como foi mostrado nas passagens em itálico), e ele muda inteiramente sua base de argumentação, apelando para a inerente impossibilidade do fato, e não mais para a insuficiência de evidências. Ele até faz com que sua contradição fique mais perceptível através de uma nota que ele próprio fez para esta passagem, parte da qual se segue:

> "Este livro foi escrito pelo monsenhor Montgeron, conselheiro ou juiz no Parlamento de Paris, homem de importância e reputação, que também foi um mártir de sua causa e que está – diz-se – em alguma prisão devido ao seu livro."
>
> [...] "Muitos dos milagres do abade Paris foram comprovados imediatamente por testemunho ante a oficialidade ou corte episcopal de Paris, sob o controle do cardeal Noailles, cuja reputação de integridade e talento jamais foi posta em dúvida, inclusive por seus inimigos.
>
> Seu sucessor no arcebispado era inimigo dos jansenistas e por esta razão foi promovido para a diocese pela Corte. Apesar de vinte e dois reitores ou curés de Paris, com grande seriedade, terem-no pressionado para examinar estes milagres que, afirmavam, são conhecidos de todos e indiscutivelmente certos, o cardeal sabiamente se absteve de examiná-los."
>
> [...] "Todos os que estiveram na França naquela época ouviram falar na reputação de M. Heraut, o *Lieutenant de Police*, cujo zelo, perspicácia, atividade e elevada inteligência ocasionaram grande admiração. Este magistrado, que pela natureza de seu posto é quase absoluto, estava investido de plenos poderes a fim de suprimir ou desacreditar esses milagres e frequentemente detinha e examinava os testemunhos e as pessoas que tinham relação com os milagres, *mas jamais pôde chegar a uma conclusão satisfatória contra eles*.
>
> No episódio de Mademoiselle Thibaut, enviou o célebre De Sylva para que a examinasse. Sua informação é muito curiosa. O médico declara que é impossível que ela tenha estado tão enferma como afirmam os testemunhos, porque, se tivesse estado, não teria po-

## DIÁLOGO COM OS CÉTICOS

dido melhorar tão depressa e gozar de tão perfeita saúde. Como homem de bom senso, raciocinou segundo as causas naturais, mas o partido que lhe opunha afirmou que tudo era miraculoso e que o informe do médico era a melhor prova disso."

[...] "Nada mais nem menos que o duque de Chatillon, duque e par da França, da mais ilustre família e estirpe, dá o testemunho de uma milagrosa cura realizada num de seus servos, que havia vivido vários anos em sua casa com uma palpável e visível enfermidade. Concluirei observando que nenhum clero é mais célebre pelo rigor da vida e dos costumes que o clero secular da França, particularmente os reitores ou *curés* de Paris, que testemunharam estas imposturas. A instrução, o engenho e probidade destes cavalheiros e a autoridade das freiras de Port-Royal os fizeram famosos em toda a Europa. Sem dúvida, todos testemunharam o milagre que se produziu na sobrinha do célebre Pascal, cujo talento e vida devota são bem conhecidos. O famoso Racine relata este milagre em sua celebrada *História de Port-Royal* e o defende com todas as provas fornecidas por uma multidão de freiras, sacerdotes, médicos e homens do mundo, todos de indubitável reputação. Alguns homens de letras, especialmente o bispo de Tournay, creram que este milagre era tão seguro que o usaram para refutar os ateus e os livre-pensadores. A rainha da França, que *tinha grandes prevenções* contra Port-Royal, enviou seu *próprio médico para examinar o milagre, e o médico voltou completamente convertido*. Em uma palavra, a cura sobrenatural era tão incontestável que, durante algum tempo, salvou o mosteiro da ruína a que estava ameaçado pelos jesuítas. *Se houvesse sido um logro, seguramente teria sido descoberto por tão sagazes e poderosos adversários, e deveriam apressar a ruína de quem o forjou.*"

Racine,
célebre autor
de teatro francês

Parece inacreditável que isto possa ter sido escrito pelo grande cético David Hume, e escrito no mesmo trabalho em que ele já havia afirmado que em toda a história nenhuma evidência havia sido encontrada. A fim de mostrar o quão notável é a evidência à qual ele alude, creio ser melhor dar a um dos casos um detalhamento maior, como descrito no trabalho original de Montgeron, e citado na *História do sobrenatural*[9] de William Howitt's:

> "Mademoiselle Coirin estava afligida, entre outros males, com um câncer[10] no tórax esquerdo por doze anos. O tórax estava destruído por ele e tornou-se uma massa disforme; os eflúvios do câncer eram horríveis, e todo o sangue do sistema estava claramente infectado por ele. Todo médico considerava o caso completamente incurável, e ainda assim, com uma visita ao túmulo, ela estava perfeitamente curada; e, o que era mais espantoso, o tórax e o mamilo estavam completamente restaurados, com pele limpa e fresca, e livre de qualquer traço de cicatriz. Este episódio era conhecido pelas pessoas mais distintas do reino. Quando o milagre foi considerado falso, Madeimoselle Coirin foi a Paris, foi examinada pelo médico real e fez um registro formal de sua cura em um cartório. Madeimoiselle Coirin era filha de um oficial da guarda real e possuía dois irmãos servindo diretamente à pessoa do rei. Os testemunhos dos médicos são os mais decisivos. M. Gaulard, médico do rei, depôs oficialmente que, 'para restaurar um mamilo já destruído, e separado do peito, era necessária uma *recriação*, porque um mamilo não é apenas uma continuidade dos vasos do peito, mas um corpo particular, que é de organização distinta e peculiar'. M. Souchay, cirurgião do príncipe de Conti, não apenas afirmou que o câncer era incurável, mas, tendo examinado-o após a cura, foi ele próprio ao cartório e fez uma declaração formal 'que a cura foi perfeita e que cada mama possuía seu

---

[9] *History of the supernatural.*

[10] Não se pode afirmar que seja um câncer, na concepção contemporânea da palavra, mas seguramente se tratava de uma lesão que expandiu-se. (Nota do tradutor)

# DIÁLOGO COM OS CÉTICOS                33

mamilo em sua forma e condição naturais, com as
cores e atributos próprios a estas partes'. Tais foram
os testemunhos de Seguier, o cirurgião do hospital de
Nanterre; de M. Deshières, cirurgião da Duquesa de
Berry; de M. Hequet, um dos mais célebres cirurgi-
ões da França; e outros numerosos, assim como de
homens públicos e pessoas da mais alta reputação,
universalmente reconhecidos; todos aqueles cujas de-
clarações foram oficialmente e totalmente dadas por
Montgeron."

Este é apenas um de um grande número de casos igualmente maravilhosos e bem atestados, e nós, por consequência, não
podemos estar surpresos com Hume ser forçado a abandonar
o argumento da insuficiência das evidências favoráveis aos milagres e o da experiência uniforme contra eles, sendo espanto-
so que ele lançasse um argumento que ele próprio foi capaz de
refutar tão completamente.

Temos agora outro argumento que Hume traz mais à frente, mas que, se possível, é ainda mais fraco que o anterior. Ele
diz:

"Como quarta razão diminuindo a autoridade dos
prodígios, posso acrescentar que não há testemunho
favorável a nenhum prodígio, mesmo em relação
àqueles que não foram expressamente desmascara-
dos, que não seja contradito por um número infinito
de testemunhas, de modo que não apenas o milagre
destrói o crédito do testemunho, mas o testemunho
destrói-se a si mesmo. Para tornar isto mais compre-
ensível, consideremos que em questões religiosas tudo
o que é diferente é contraditório, e que é impossível
que as religiões da antiga Roma, da Turquia, do Sião
e da China estejam todas estabelecidas em bases sóli-
das. Portanto, todo milagre que se pretende que tenha
ocorrido em quaisquer dessas religiões – e todas estão
repletas de milagres – tem como finalidade direta estabelecer o sistema particular ao qual ele se refere, de
modo que tem a mesma força para destruir, embora

indiretamente, qualquer outro sistema. Destruindo um sistema rival, destrói-se igualmente o crédito naqueles milagres sobre os quais estava fundado o sistema, de modo que todos os prodígios de diferentes religiões devem considerar-se como fatos contraditórios, e as evidências destes prodígios, quer fracas quer fortes, como opostas umas às outras. De acordo com este método de raciocínio, quando cremos em algum milagre de Maomé ou de seus sucessores, temos como garantia o testemunho de alguns árabes bárbaros. E, por outro lado, devemos considerar a autoridade de Tito Lívio, de Plutarco, de Tácito e, numa palavra, o testemunho de todos os autores gregos, chineses e católicos romanos que relataram algum específico milagre de sua religião, e devemos considerar seu testemunho, digo eu, do mesmo modo como se houvessem mencionado o milagre maometano, e que o houvessem contradito em termos claros, com a mesma certeza conferida aos milagres que relatam."

Agora este argumento, se argumento pode-se chamá-lo, repousa sobre a extraordinária suposição de que um milagre, se real, só pode provir de Deus, e precisa necessariamente sustentar uma religião verdadeira. Ele assume também que uma religião não pode ser verdadeira a menos que seja dada por Deus. O Sr. Hume supõe, consequentemente, que nada daquilo a que chamamos milagre possa ser realizado por qualquer dos prováveis infinitos seres inteligentes que possam existir no universo entre nós mesmos e a divindade. Ele confunde a evidência dos fatos com as teorias que explicam os fatos, e mais ilogicamente e não filosoficamente argumenta que, se as teorias levam à contradição, os fatos em si não existem.

Eu penso, portanto, que necessito mostrar que: 1. Hume dá uma falsa definição de milagres, o que faz com que se considere comprovada a questão de sua impossibilidade. 2. Ele propõe a falácia que os milagres são fatos isolados, aos quais a totalidade do testemunho humano se opõe. 3. Ele, deliberada e absolutamente, contradiz a si mesmo quanto à quantidade e

DIÁLOGO COM OS CÉTICOS 35

qualidade do testemunho em favor dos milagres. 4. Ele propõe
a grosseira falácia de que os milagres ligados a religiões opostas
destroem-se a si mesmos.

## Objeções modernas aos milagres

Nós agora continuaremos com alguns dos mais modernos
argumentos contra os milagres. Uma das mais populares objeções modernas consiste em fazer o que é suposto tornar-se
uma suposição impossível, e esboçar uma inferência que parece ser um dilema, mas que na realidade não é nada disso.
Este argumento é posto de formas diversas. Uma é: "Se
um homem me diz que veio de York através do fio do telégrafo, eu não creio nele. Se cinquenta homens me disserem que
vieram de York[11] pelos fios do telégrafo, eu não creio neles.
Se qualquer número de homens me disser o mesmo, eu não
creio neles. Logo, o Sr. Home[12] não flutua no ar, não interessa
que quantidade de testemunhas você possa trazer para provar
isto."
Outro é: "Se um homem me diz que ele viu a estátua de
Nelson descer de seu pedestal em direção a *Trafalgar Square*
e beber água de suas fontes, não acreditarei nele. Se cinquenta
ou qualquer número de homens informarem-me a mesma coisa, ainda assim não acreditarei neles."
Aqui se infere que há certas coisas tão absurdas e tão inacreditáveis, que nenhum testemunho poderia fazer com que
um homem são acreditasse nelas.
Estas ilustrações assemelham-se a argumentos, e à primeira
vista não é fácil ver o caminho correto para respondê-las; mas
o fato é que são falácias absolutas, porque toda a sua força de-

---

[11] Cidade inglesa situada ao nordeste do país. (Nota do tradutor)
[12] Daniel Dunglas Home, médium de efeitos físicos escocês do século XIX.
Conan Doyle dedica um capítulo à sua biografia em seu conhecido *História
do espiritismo* (Editora Pensamento). (Nota do tradutor)

pende de uma proposição aceita que nunca foi provada, e que eu me arrisco a dizer que nunca será provada. A proposição é que um largo número de independentes, honestos, saudáveis e sensíveis testemunhas pode separada e repetidamente testemunhar uma evidente questão factual que nunca aconteceu realmente. Nenhuma evidência foi mencionada para mostrar que isto já ocorreu ou poderia ocorrer. Mas o pressuposto equivoca-se de forma ainda mais extrema quando consideramos as circunstâncias que acompanham casos como os das curas no túmulo do abade Paris, e os casos de homens de ciência vivos convertidos à crença na realidade dos fenômenos do espiritualismo moderno; pelo que temos que admitir que, estando amplamente avisados que os fatos alegados devem ser considerados como impossíveis e que são ilusões, e que havendo a fonte da suposta ilusão sido mostrada, e que todos os preconceitos de seu tempo e a ênfase do pensamento acadêmico fossem contrários à realidade de tais fatos, ainda

Estátua de Nelson na Trafalgar Square, ao tempo de Wallace

# DIÁLOGO COM OS CÉTICOS

assim certo número de homens instruídos, incluindo médicos e homens de ciência, continuou convicto da realidade de tais fatos após a mais cautelosa investigação pessoal. Ainda que se admitisse que tais quantidade e qualidade de evidências convergentes *possam* ser todas falsas, é necessário que se prove [que são falsas], para que o argumento tenha o mais leve valor. Caso contrário, trata-se apenas de incorrer em petição de princípio. Deve ser lembrado que temos de considerar não crenças absurdas ou falsas inferências, mas situações factuais claras; e nunca se provou, nem se pode provar, que qualquer grande quantidade de evidências cumulativas de homens desinteressados e sensatos foi obtida de uma inteira e absoluta ilusão. Para colocar a matéria de forma simples, o fato declarado é ou possível, ou impossível. Se possível, tal evidência, como a viemos considerando, irá prová-lo; se não for possível, tal evidência não existe. O argumento é, por consequência, uma completa falácia, visto que seu pressuposto fundamental não pode ser provado. Se se deseja apenas enunciar a proposição de que quanto mais estranha e rara uma coisa é, maior número e melhores evidências exigimos para ela ser aceita, isto todos nós admitimos; mas sustento que o testemunho humano aumenta em valor em grande razão com cada testemunha adicional independente e honesta; que nenhum fato pode ser rejeitado quando for atestado tal conjunto de evidências, tais como as que existem para muitos eventos considerados miraculosos ou sobrenaturais, e que ocorrem diariamente em meio a nós. O ônus da prova recai sobre aqueles que sustentam que tal evidência possa ser possivelmente falaciosa; deixe-os apontar um caso no qual tal evidência cumulativa existiu e que ainda assim se provou ser falsa. Deixe-os apresentar não suposições, mas provas. E é necessário que se lembre que nenhuma prova é completa se não explica exatamente a fonte da falácia em todos os seus detalhes. Não é válido que se diga, por exemplo, que havia evidência cumulativa sobre a feitiçaria e que esta é absurda e impossível. Isto é incorrer em petição de princípio.

As teorias diabólicas da "bruxomania" podem ser absurdas e falsas; mas os fatos de feitiçaria quando provados, não através de feiticeiras torturadas, mas por testemunhas independentes, longe de serem provados falsos, estão sustentados por todo um corpo de fatos análogos que acontecem nos dias de hoje.

## A incerteza dos fenômenos assegurados pelo espiritualismo moderno

Outro argumento moderno é usado mais especificamente contra a realidade dos chamados fenômenos espirituais. É dito: "Estes fenômenos são tão incertos; você não tem nenhum controle sobre eles; eles não obedecem a lei alguma. Prove-nos que eles obedecem a leis definidas como todos os outros grupos de fenômenos naturais, e nós acreditaremos neles." Este argumento parece ter peso para algumas pessoas, mas mesmo assim é realmente absurdo. A essência dos fenômenos citados (se eles são verdadeiros ou não, é de nenhuma importância) é que eles parecem ser o resultado da ação de inteligências independentes, e são, portanto, condenados a serem espirituais ou sobre-humanos. Se eles obedecessem a qualquer lei estrita e não a desejos independentes, ninguém poderia haver suposto que se tratasse de fenômenos espirituais. O argumento, por isto, é meramente a afirmação de uma conclusão previamente tomada, nominalmente: "Não importa o quanto seus fatos provem a existência de inteligências distintas, nós não acreditaremos neles; demonstrem que eles obedecem a leis definidas, e não a inteligências, e nós acreditaremos neles." Este argumento parece-me infantil, ainda que esteja sendo empregado por pessoas que se consideram com formação filosófica.

## A necessidade do testemunho científico

Outra objeção que ouvi ser sustentada publicamente, e que recebi com aplausos, é que se requer imenso conhecimento científico para decidir-se sobre a realidade de quaisquer fatos incomuns ou inacreditáveis, e que até que homens de ciência os investiguem e comprovem, eles não são dignos de crédito. Agora eu me arrisco a dizer que uma falácia maior que esta nunca foi proposta. O assunto é muito importante, e o erro é muito comum, mas o fato está exatamente no oposto do que foi afirmado; pelo que eu afirmo, sem medo de contradição, que sempre que os homens de ciência de qualquer época condenaram os fatos de investigadores de forma *a priori, eles estavam errados*. Não é necessário mais do que referir-se aos nomes universalmente conhecidos de Copérnico, Galileu e Harvey. As grandes descobertas que fizeram, como sabemos, foram violentamente combatidas por todos os seus contemporâneos do meio científico, para quem elas pareceram absurdas e inacreditáveis; mas nós temos exemplos igualmente contundentes muito mais próximos aos nossos dias. Quando Benjamin Franklin trouxe o assunto dos condutores de raios ante a Sociedade Real, ele foi ridicularizado como se fosse um sonhador, e seu artigo não foi aceito para a revista *Philosophical Transactions*. Quando Young propôs suas provas maravilhosas da teoria ondulatória da luz, ele foi igualmente vaiado como absurdo pelos populares escritores científicos de sua época.[13] A revista *Edimburg*

---

[13] As citações que se seguem são exemplos escolhidos dentre os artigos do *Edimburg Review* em 1803 e 1804: "Outra leitura Bakeriana, contendo mais fantasias, mais asneiras, mais hipóteses sem fundamento, mais ficções gratuitas, todas sobre o mesmo campo, e do fértil, mas infrutuoso cérebro do mesmo eterno Dr. Young." E novamente: "Ele não ensina verdades, não reconcilia nenhuma contradição, não organiza nenhum fato anômalo, não sugere novos experimentos e não conduz a novas investigações". Alguém pode supor que se trate de um cientista moderno desdenhando do espiritualismo!

*Review* exortou o público a colocar Thomas Gray "em saia justa" por sustentar a praticabilidade das estradas de ferro. Sir Humphrey Davy riu da ideia de Londres ser sempre iluminada com gás. Quando Stephenson propôs empregar locomotivas nas estradas de ferro de Liverpool e Manchester, os homens instruídos colocaram em evidência a impossibilidade de se locomover a doze milhas por hora. Outra grande autoridade científica declarou ser igualmente impossível navios a vapor oceânicos cruzarem o Atlântico. A Academia Francesa de Ciências ridicularizou o grande astrônomo Arago quando ele desejou discutir sobre o assunto do telégrafo elétrico. Médicos ridicularizaram o estetoscópio quando ele foi descoberto. Operações sem dor durante o transe mesmérico foram consideradas impossíveis, e depois imposturas.

Mas um dos mais formidáveis, por se tratar de um dos mais recentes casos de oposição, ou pelo menos descrença em fatos que se opunham à crença corrente de sua época, entre homens que estão geralmente encarregados de ir mais distante na outra direção, é o da doutrina da "Antiguidade do Homem". Boué, um experiente geólogo francês, em 1823 descobriu um esqueleto humano a oitenta pés de profundidade no *loess* ou lodo endurecido do rio Reno. Foi enviado para o grande anatomista Cuvier, que desacreditou completamente do fato. Ele considerou este fóssil como sem valor, como se fosse inútil, e o perdeu. Sir C. Lyell, a partir de uma pesquisa pessoal no local, agora acredita que as afirmações do observador original eram bastante precisas. Nos idos de 1715, armas de pedra foram encontradas com o esqueleto de um elefante em uma escavação em Inn Lane, na região de Gray, na presença do Sr. Conyers, que as colocou no Museu Britânico, onde elas permaneceram completamente sem notícia até muito recentemente. Em 1800, o Sr. Frere encontrou armas de pedra juntamente com os restos de animais extintos em Hoxne, Suffolk. De 1841 a 1846, o célebre geólogo francês Boucher de Perthes descobriu grandes quantidades de armas

# DIÁLOGO COM OS CÉTICOS 41

de pedra nos aluviões de cascalho do norte da França; mas por muitos anos ele não conseguiu convencer nenhum de seus colegas, homens de ciência, que se trata de trabalhos de arte, nem mereceu a mais leve atenção. Por fim, contudo, em 1853 ele começou a fazer adeptos. Em 1859-60 alguns de nossos mais eminentes geólogos visitaram o local, e confirmaram totalmente a veracidade de suas observações e deduções.

Outro ponto neste assunto foi tratado de forma ainda pior, se for possível. Em 1825, o Sr. Mc Enery, de Torquay, descobriu pedras trabalhadas junto aos restos de animais extintos na célebre caverna King's Hole; mas o relato de suas descobertas foi simplesmente ironizado. Em 1840, um de nossos primeiros geólogos, o falecido Sr. Godwin Austen, trouxe este assunto à Sociedade Geológica, e o Sr. Vivian, de Torquay, enviou um artigo confirmando completamente as descobertas do Sr. McEnery; mas ele foi considerado muito improvável para ser publicado. Quatorze anos depois, a Sociedade de História Natural de Torquay fez observações posteriores, confirmando inteiramente as anteriores, e enviou um relato delas para a Sociedade Geológica de Londres; mas o artigo também foi rejeitado, considerado muito improvável para publicação. Agora, contudo, a caverna foi sistematicamente explorada sob a superintendência de um comitê da Associação Britânica, e todos os relatórios anteriores enviados durante quarenta anos foram confirmados, e foi mostrado serem ainda menos maravilhosos que a realidade. Deve ser dito que "este era um cuidado próprio da ciência". Talvez fosse; mas todos esses eventos provam este importante fato: que neste, assim como em todos os outros casos, os humildes e frequentemente desconhecidos observadores estavam certos; os homens de ciência que rejeitaram suas observações estavam errados.

Agora, são os observadores modernos de alguns fenômenos, usualmente denominados sobrenaturais e inacreditáveis, menos dignos de atenção que os outros já citados? Deixe-nos considerar, inicialmente, a realidade do que é denominado clarividência. Os homens que observaram este fenômeno, que cuidadosamente o testaram através de anos ou durante toda a sua vida, devem ser considerados como iguais aos observadores de qualquer outro ramo da descoberta científica, em termos de conhecimento científico e habilidade intelectual. Temos não menos que sete competentes médicos – os Drs. Elliotson, Gregory, Ashburner, Lee, Herbert, Mayo, Esdaile e Haddock, além de pessoas de alta habilidade como a Srta. Martineau, o Sr. H. G. Atkinson, o Sr. Charles Bray e o Barão Reichenbach. Com a história dos descobridores que nos precederam, é mais provável que estas onze pessoas instruídas, sabendo de todos os argumentos contrários aos fatos, e investigando-os cuidadosamente, estivessem todas erradas, e aquelas que dizem *a priori* que o assunto é impossível estão todas certas, ou o contrário? Se vamos aprender algo através da história e experiência, então podemos seguramente prognosticar que neste caso, como em muitos outros, aqueles que discordam das observações de outros homens sem investigar devem estar errados.

**Revisão das afirmações do Sr. Lecky sobre os milagres**

Vamos agora tratar dos críticos filosóficos modernos, e o mais eminente dentre eles é o Sr. Lecky, autor de *História do racionalismo* e *história da moral*. Em um trabalho posterior, ele dedicou algum espaço a esta questão, e suas claras e bem expressas opiniões podem ser tomadas para representar as opiniões gerais e sentimentos das pessoas instruídas da sociedade moderna. Ele diz:

> "A atitude das pessoas comuns instruídas acerca dos milagres não é a de dúvida, de hesitação, de descontentamento com as evidências existentes, mas a de

DIÁLOGO COM OS CÉTICOS                    43

uma incredulidade absoluta, escarninha e até sem fundamento."

Ele, então, explica o porquê disto:

"Em certos estágios da sociedade, e sob a ação de certas influências, o aumento de milagres é *invariavelmente formado* ao redor de toda *pessoa proeminente* ou *instituição*. Podemos analisar as causas gerais que *impeliram os homens em direção ao miraculoso*; podemos mostrar que estas causas nunca falharam ao produzir o efeito; e podemos traçar a alteração gradual das condições mentais que *invariavelmente acompanham* o declínio da crença. Quando os homens são *destituídos do espírito crítico*, quando a noção de *leis uniformes ainda não nasceu*, e quando suas imaginações ainda são incapazes de desenvolver ideias abstratas, as histórias de milagres são sempre formadas e sempre acreditadas; e elas continuam a florescer e a multiplicar até que estas condições sejam alteradas. Os milagres cessam quando os homens param de acreditar neles e de esperá-los."

Novamente:

"Não dizemos que eles são impossíveis, ou até que eles não são autenticados pelas muitas evidências e fatos em que acreditamos. Apenas dizemos que, em *certos estados da sociedade, ilusões* deste tipo aparecem inevitavelmente..."

"Algumas vezes podemos descobrir o fato natural preciso que a superstição interpretou mal, mas mais frequentemente podemos dar apenas uma explicação geral, que nos permite colocar essas lendas em seu lugar, como *expressão normal* de *certo estágio* de conhecimento ou poder intelectual; e esta explicação é sua refutação."

Nestas afirmações e argumentos do Sr. Lecky, nós encontramos algumas falácias tão notáveis quanto as de Hume. Sua afirmação de que em certos estágios da sociedade um crescimento dos milagres é invariavelmente formado ao redor de cada pessoa eminente ou instituição parece-me ser absolutamente contraditória com os fatos históricos.

A Igreja de Roma foi sempre o grande teatro dos milagres, não importa se antigos ou modernos. A mais proeminente pessoa da Igreja de Roma é o Papa; a mais proeminente instituição é o papado. Nós deveríamos esperar, pois, se o argumento do Sr. Lecky estivesse correto, que os papas fossem proeminentes fazedores de milagres. Mas o fato é que, com exceção de um ou dois papas muito antigos, nenhum milagre foi registrado para a grande maioria dos papas. Ao contrário, foi geralmente entre os mais humildes membros da Igreja Romana, não importa se clérigos ou leigos, que o poder de realizar milagres tem aparecido, o que os levou a serem canonizados como santos.

Novamente, a mais proeminente pessoa ligada às igrejas reformadas é Lutero. Ele pessoalmente acreditava em milagres; todo o mundo à sua época acreditava em milagres; e milagres, embora geralmente de caráter demoníaco, continuam comuns em muitas igrejas protestantes por muitas gerações após a sua morte; ainda assim não se tem creditado milagres a este homem formidável.

Próximo aos nossos dias temos Irving,[14] à frente de uma igreja de fazedores de milagres; e Joseph Smith, o fundador dos milagrosos mórmons; e ainda não há o mais leve sinal ou a mais leve tendência a imputar qualquer milagre a qualquer um destes homens, a não ser aquele que o último atribuiu a si mesmo antes que sua seita fosse estabelecida. Estes fatos muito notáveis parecem provar-me que deve haver alguma base de verdade em quase todo milagre anunciado, e que a teoria de

---

[14] Wallace refere-se a Edward Irving, sobre o qual os leitores interessados podem encontrar uma biografia rápida no capítulo 2 de *História do espiritismo*, de Arthur Conan Doyle. (Nota do tradutor)

qualquer crescimento ou aumento ao redor de indivíduos proeminentes é totalmente sem evidências para sustentar-se. Esta é uma daquelas afirmações gerais convenientes que parecem ser muito plausíveis e filosóficas, mas para as quais nenhuma prova é oferecida.[15]

Edward Irving

Outra das afirmações do Sr. Lecky é que há uma alteração de condições mentais que invariavelmente acompanha o declínio da crença. Mas este "*acompanhamento invariável*" certamente não pode ser provado, porque o declínio da crença ocorreu de uma vez na história do mundo; e, o que é mais notável, enquanto as condições mentais que acompanharam continuavam com a mesma força ou ainda aumentaram sua energia e estão muito mais difundidas, a crença está crescendo agora há mais de quarenta anos. Nos maiores estados da civilização ocidental, entre ambos, os gregos e os romanos, a crença existiu com sua força total, e foi testemunhada pelos maiores e mais intelectuais homens de todas as eras. O declínio no qual

---

[15] Muito recentemente em um artigo sobre "As vozes de Joana d'Arc", lido ante a "Society for Psychical Research", após um cuidadoso exame de toda a literatura sobre o assunto, o Sr. Andrew Lang diz: "Na história como um todo eu fico impressionado com a comparativa falta de bases miraculosas para a lenda", e após dar algumas ilustrações para o fato, ele conclui: "Isto me parece o 'entusiasmo contagioso de uma era crédula', mesmo na presença daquela que era em si mesma um milagre, nem sempre se gera um fundamento rico para a lenda" (Proceedings of the Society for Psychical Research, vol. XI, p. 211, julho 1895). (Nota do autor)

o século passado e o presente[16] se encontram não pode, contudo, ser atribuído a qualquer lei geral, já que se trata de uma instância excepcional.[17] Novamente, o Sr. Lecky diz que a crença no sobrenatural apenas existe "quando os homens estão destituídos de espírito crítico e quando a noção da lei uniforme ainda não lhes ocorre." O Sr. Lecky, neste assunto, contradiz-se a si mesmo quase tanto quanto Hume. Um dos maiores defensores da crença no sobrenatural foi Glanvill; e isto é o que o Sr. Lecky diz de Glanvill:

> "A característica predominante da mente de Glanvill foi um intenso ceticismo. Ele foi chamado por um crítico moderno de o primeiro escritor inglês a levar o ceticismo à sua forma definitiva; e se considerarmos esta expressão como simplesmente significando uma profunda desconfiança das faculdades humanas,

---

[16] Recorde-se o leitor que este é um trabalho do século XIX. (Nota do tradutor)

[17] O declínio da crença pode, contudo, ser devido (como um amigo me sugeriu) ao real declínio na ocorrência dos fenômenos que compeliam à crença, devido a uma lei natural bem conhecida. É certo que feiticeiras, e as pessoas sujeitas à sua influência, eram o que agora denominamos "médiuns", que são pessoas com uma organização peculiar requerida para a manifestação dos fenômenos espirituais modernos. Por muitos séculos, todas as pessoas dotadas desses poderes peculiares em quase qualquer grau foram perseguidas como bruxas, e queimadas ou destruídas aos milhares durante toda a duração do tão chamado mundo *civilizado*. Sendo destruídos os médiuns, a produção dos fenômenos tornou-se impossível; somando-se a isto o fato de as perseguições levarem as pessoas a ocultarem todas as manifestações incipientes. Nesta mesma época, as ciências psíquicas começaram a andar em passos largos rapidamente, o que mudou a face do mundo, e induziu uma forma de pensar que levou os homens a ver com horror e aversão as barbaridades e absurdos dos perseguidores de bruxas. Um século de descanso permitiu ao organismo humano a reobtenção de seus poderes normais; e os fenômenos que foram anteriormente imputados à ação direta de Satã são agora pesquisados pelos espiritualistas como, em grande parte, o trabalho de inteligências invisíveis, muito semelhantes às nossas.

DIÁLOGO COM OS CÉTICOS 47

o julgamento dificilmente seria negado. E certamente seria difícil encontrar um trabalho que mostrasse menos credulidade e superstição que o tratado sobre *A vaidade da dogmatização*, posteriormente publicado como *Scepsis Scientifica*, no qual Glanvill expôs seus pontos de vista filosóficos... O *Sadducismus Triumphatus* é provavelmente o mais competente livro publicado sobre a realidade da bruxaria. Dr. Henry Moore, o ilustre Boyle e o não menos eminente Cudworth apoiaram com entusiasmo Glanvill; e nenhum escritor comparável a estes em habilidade ou influência posicionou-se do outro lado; contudo, o ceticismo aumentou consideravelmente."

Novamente o Sr. Lecky assim se refere a Glanvill:

"Foi entre os escritos de Bacon e Locke que esta escola latitudinária se constituiu e foi irradiada pelo gênio de Taylor, Glanvill e Hales, e que se tornou o núcleo e origem da liberdade religiosa".

Estes são *os homens* e estas *as condições mentais* que são favoráveis à *superstição* e à *ilusão*.[18]

---

[18] O Rev. Joseph Glanvill, que testemunhou alguns dos distúrbios extraordinários do Sr. Mompesson e forneceu uma descrição completa deles, e que também coletou evidências para muitos casos memoráveis de suposta bruxaria, não era o suposto tolo crédulo que teria escrito a favor da realidade das bruxas do qual se ouviu falar, mas um homem de instrução, talento e critério. O Sr. Lecky, em sua *História do surgimento e progresso do racionalismo na Europa*, diz dele: "Um homem divino, que em seus dias foi muito famoso, e que eu atrevo a pensar que foi superado em gênio por poucos de seus sucessores. Os trabalhos de Glanvill são muito menos conhecidos do que deveriam ser." Aqui eu forneço alguns poucos extratos do seu *Introdução à prova da existência das aparições, espíritos e bruxas*.
"Seção IV – Que coisas o autor concede em sua controvérsia sobre bruxas e bruxaria:
**Primeiro**: Ele admite que há "homens espirituosos e ingênuos" em oposição a ele neste assunto.

**Segundo**: Ele admite que alguns daqueles que condenam as bruxas são bons cristãos.

**Terceiro**: Ele diz: "Eu concordo que a grande maioria da humanidade é muito crédula, e especialmente nesse assunto, de tal forma que ela acredita em coisas fúteis e impossíveis relacionadas a ele. A conversa com o demônio e a transmutação real de homens e mulheres em outras criaturas são desta ordem. Estas pessoas estão aptas a atribuir coisas extraordinárias da arte ou natureza à bruxaria, e essa sua credulidade é frequentemente abusada por velhacos hábeis e ardilosos. Aqui estão dez mil histórias tolas e falsas de bruxaria e aparições contadas pelo vulgo".

**Quarto**: "Eu admito que a melancolia e a imaginação tenham grande força e originem persuasões estranhas; e que muitas histórias de bruxas e aparições não sejam nada mais que fantasias melancólicas."

**Quinto**: "Eu sei e concordo que há muitas doenças naturais estranhas que apresentam sintomas bizarros e produzem efeitos maravilhosos e surpreendentes, além do curso usual da natureza, e que tais doenças são algumas vezes falsamente imputadas à bruxaria".

**Sexto**: "Eu admito que os inquisidores papais e outros caça-feiticeiras cometeram muitos erros, que eles destruíram pessoas inocentes que foram tomadas por bruxas, e que observando e torturando extorquiram confissões extraordinárias de pessoas inocentes."

**Sétimo**: Ele reconhece que dos fatos que ele afirma serem reais, muitos são muito estranhos, singulares e improváveis, e que nós não podemos entendê-los ou reconciliá-los com as noções normalmente tidas como de espíritos e do estado futuro.

Tendo feito estas concessões aos seus adversários, ele exige que lhe sejam concedidas outras tantas:

"Seção V – Os postulados que o autor demanda de seus adversários como sendo corretos são:

**Primeiro**: O que são ou não as bruxas é uma questão de fato.

**Segundo**: As questões de fato só podem ser provadas pelos sentidos imediatos ou pelo testemunho de outros. O esforço de demonstrar fatos através de raciocínio abstrato ou especulação é o mesmo que um homem provar que Júlio César fundou o Império Romano empregando a álgebra ou a metafísica.

**Terceiro**: Que a Escritura não é totalmente alegoria, mas geralmente possui um significado direto, literal e óbvio.

**Quarto**: Que *alguns* testemunhos humanos são confiáveis e certos, isto é, eles precisam ser tão pormenorizados de forma a não deixar nenhuma dúvida, para os nossos sentidos, que às vezes relatam a verdade, e *toda a humanidade* não é mentirosa, trapaceira e desonesta – pelo menos nem

DIÁLOGO COM OS CÉTICOS          49

O espírito crítico e a noção de lei uniforme são certamente
fortes suficientemente nos dias presentes, embora em todo
país no mundo civilizado haja agora centenas e milhares de
homens inteligentes que acreditam, com base no testemunho
de seus próprios sentidos, em fenômenos que o Sr. Lecky
e outros denominariam miraculosos e, logo, inacreditáveis,
mas que os testemunhos sustentam ser parte da ordem da natureza. Em vez de ser, como o Sr. Lecky diz, uma indicação
de "certos estados da sociedade" – "a expressão normal de
certo estágio de conhecimento ou capacidade intelectual" –,
esta crença tem existido em todos os estados da sociedade,
e tem acompanhado cada estágio de capacidade intelectual.
Sócrates, Plutarco e Santo Agostinho, de forma semelhante,
dão testemunhos para os fatos sobrenaturais; este testemunho
nunca cessou durante a Idade Média; os primeiros reforma-
dores, Lutero e Calvino, abarrotam as relações de testemunhas; todos os filósofos, e todos os juízes da Inglaterra, até
a época de Sir Matthew Hale, admitiram que as evidências
para tais fatos eram irrefutáveis. Muitos casos foram rigo-
rosamente investigados pelas autoridades policiais de vários

---

todas as pessoas mentem quando não têm interesse em fazê-lo.

**Quinto**: Que aquilo que é suficiente e irrecusavelmente provado não pode
ser recusado apenas porque não sabemos como pode ser, isto é, porque há
dificuldades em sua compreensão; de outra forma, sentido e conhecimento
tornam-se o mesmo que fé. De forma que a maioria das coisas é
desconhecida, e o mais óbvio na natureza possui dificuldades inextricáveis
em sua concepção, assim como demonstrei em minha *Scepsis Scientifica*.

**Sexto**: Nós conhecemos pouco qualquer coisa da natureza espiritual e das
condições do estado futuro."

E ele conclui: "Estes são os meus *postulados* ou exigências, os quais
suponho que serão considerados razoáveis, e para os quais não necessito
mais provas.

A evidência mencionada por um homem que filosoficamente repousa sobre
esta base de investigação não pode ser desprezada; e uma leitura cuidadosa
dos trabalhos de Glavill irá recompensar devidamente qualquer um que
tenha interesse nesta discussão.

países; e, como já temos visto, os milagres na sepultura do Abade Paris, que ocorreram no período mais cético da história francesa, na era de Voltaire e dos enciclopedistas, foram provados por uma ordem tal de evidências, e foram de tal forma abertos à investigação, que um dos nobres daquela corte – convencido de sua realidade após o mais minucioso exame – sofreu o martírio da prisão na Bastilha por insistir em torná-los públicos. E em nossos dias nós temos, no mínimo, muitos milhões de crentes no espiritualismo moderno em todas as classes da sociedade; de modo que a crença que o Sr. Lecky atribui a certo estágio de cultura intelectual parece, ao contrário, ter todos os atributos de universalidade.

Retrato de E. B. Tylor

### É a crença em milagres uma sobrevivência do pensamento selvagem?

O argumento filosófico foi posto de outra forma pelo Sr. E. B. Tylor, em uma conferência no Royal Institution, e em diversas passagens em seus outros trabalhos. Ele afirma que toda crença espiritualista e demais crenças no sobrenatural

DIÁLOGO COM OS CÉTICOS 51

são exemplos da sobrevivência do pensamento selvagem entre as pessoas civilizadas; mas ele ignora os fatos que compelem as crenças. Os pensamentos daqueles homens instruídos que sabem, a partir da evidência de seus próprios sentidos, e por investigações repetidas e cuidadosas, que as coisas denominadas sobrenaturais são fatos verdadeiros e reais são totalmente distintas daquelas atribuídas aos selvagens, quando seus pensamentos dizem respeito ao Sol, ou trovão, ou doença, ou qualquer outro fenômeno natural. Da mesma forma, ele pode sustentar que a crença moderna de que o Sol é uma massa flamejante é uma sobrevivência do pensamento selvagem, porque alguns selvagens acreditavam nisto também; ou que a nossa crença de que certas doenças são contagiosas é uma similar sobrevivente da ideia selvagem de que o homem pode transmitir uma doença a um inimigo seu. A questão é uma questão de fatos, não teorias ou pensamentos, e eu condeno inteiramente o valor ou relevância de qualquer argumento geral, teoria ou analogia quando temos que decidir em matéria de fato.

Milhares de homens inteligentes do nosso tempo sabem, a partir de sua observação pessoal, que alguns dos estranhos fenômenos que foram considerados absurdos e impossíveis pelos homens de ciência são, contudo, verdadeiros. Não é uma resposta a estes, nem explicação de fatos, dizer-lhes que tais crenças apenas ocorrem quando os homens estão destituídos de seu espírito crítico, e quando a noção de lei uniforme ainda não nasceu; que em certos estados da sociedade ilusões deste tipo inevitavelmente aparecem, que elas são apenas a expressão normal de certos estágios de conhecimento e de capacidade intelectual, e que elas claramente provam a sobrevivência dos modos selvagens de pensamento em meio à moderna civilização.

Creio que mostrei agora:

Que os argumentos de Hume contra os milagres estão repletos de afirmações sem garantias, com falácias e contradições, e não têm sequer força lógica.

Que o argumento moderno da transmissão do telégrafo e do leão de pedra que bebe água sequer podem ser considerados argumentos, pois apoiam-se em premissas falsas ou fictícias.

Que o argumento de que a dependência deve ser posta sobre as *opiniões* dos homens de ciência mais que sobre os *fatos* observados por outros homens é oposto à experiência universal e toda a história da ciência.

Que o argumento filosófico tão bem exposto pelo Sr. Lecky e pelo Sr. Tylor repousa sobre afirmações falsas ou não provadas, e é, por consequência, sem valor.

Em conclusão, devo salientar enfaticamente que a questão que estou discutindo aqui não é, de forma alguma, se os milagres são verdadeiros ou falsos, ou se o espiritualismo moderno repousa sobre uma base de fato ou de ilusão, mas apenas se os argumentos contra eles que foram considerados conclusivos até este ponto têm algum peso ou valor. Se eu mostrei – como orgulhosamente acredito ter feito – que os argumentos que supostamente estabeleceram a questão geral de maneira tão cabal ao ponto de tornar desnecessária a análise de casos particulares são todos completamente falaciosos, então devo ter preparado o terreno para a produção de evidências; assim, nenhum homem honesto desejoso de chegar à verdade poderá fugir de uma investigação sobre a natureza e quantidade desta evidência, modificando a questão anterior – que os milagres são improváveis, não importa a quantidade de testemunhos humanos existente. É chegada a hora em que "a incredulidade irônica e sem exame", que até aqui existiu, deve abrir caminho a um espírito menos dogmático e mais filosófico, ou a história terá novamente que registrar o melancólico espetáculo de homens que deveriam ter mais discerni-

DIÁLOGO COM OS CÉTICOS 53

mento, assumindo para si o papel de limitar as descobertas de novas forças e capacidades no universo, e decidindo, *sem investigação*, se as observações de outros homens são verdadeiras ou falsas.

# VOCABULÁRIO

**Argumento**: Objeto de estudo da lógica. Antônio Aníbal Padrão define argumento como "um conjunto de proposições que utilizamos para justificar (provar, dar razão, suportar) algo. A proposição que queremos justificar tem o nome de conclusão; as proposições que pretendem apoiar a conclusão ou a justificam têm o nome de premissas". *Crítica*, revista de filosofia. Download em 23 de maio de 2011, http://criticanarede.com/log_nocoes.html.

**Ceticismo**: O ceticismo como posição filosófica remonta a Pirro, na Grécia Antiga, que se opõe ao dogmatismo e aponta a insegurança humana do conhecimento da natureza interna dos objetos. O termo foi vulgarizado como sinônimo de dúvida sistemática, mas quanto a questões referentes à natureza, os céticos desenvolvem uma atitude de exigência de evidências e argumentação antes da aceitação de proposições e enunciados. Eles não aceitam explicações que envolvam a ação de seres incorpóreos (Deus, deuses, espíritos, seres mitológicos etc.) em fenômenos naturais ou psicológicos. Geralmente usam o termo "explicações metafísicas" como algo depreciativo. Hume assume uma posição cética quando afirma a impossibilidade de se obter "prova indutiva suficiente para estabelecer a ocorrência de um milagre" (FOGELIN, 2007).

**Contradi3ro**: Um dos princípios da lógica clássica aponta que uma afirmação não pode ser verdadeira e falsa ao mesmo tempo (princípio da não-contradição). No texto deste livro, Wallace acusa Hume de afirmar que não existem evidências bem descritas de milagres e, ao mesmo tempo, em outro ponto do texto, descrever algumas com detalhes e com testemunhas.

**Doutrina**: Trata-se de um conjunto de princípios ou ideias articulados. O termo pode ser utilizado para referir-se a sistemas filosóficos, científicos, políticos ou religiosos. Há autores que distinguem as teorias científicas das doutrinas filosóficas, políticas ou religiosas. As conexões dos princípios de uma doutrina se dão segundo as regras ou instrumental aceitos pelo campo de conhecimento ao qual pertence.

**Empirismo**: Em ciência, significa essencialmente que todo conhecimento válido tem que ter por base uma sensação ou percepção, ou seja, só se pode fazer conhecimento científico a partir da observação de fatos ou da sensação dos mesmos pelos outros sentidos. Estas sensações devem ser compartilhadas por diferentes pesquisadores, o que exige que a experiência que fundamenta uma teoria seja replicada por diversos estudiosos. Esta concepção costuma ser designada pela expressão "empirismo psicológico". Em filosofia, um dos pontos importantes é a proposta de Locke segundo a qual o homem nasceria como um quadro vazio (tábula rasa) que começa a ser preenchido a partir das experiências infantis. Esta concepção se opõe à de ideias inatas, defendida por exemplo por Descartes, para quem as pessoas já nascem com conhecimentos que se manifestam no seu entendimento, sem qualquer base na experiência.

**Escolóstica**: Corrente filosófica medieval que, sob a diretriz da fé cristã, considerada fundamento da verdade, emprega instrumentos da razão para sua justificação. Da filosofia grega, sofreu influência do pensamento platônico, neoplatônico e de elementos do aristotelismo, através de São Tomás de Aquino. Influenciou todo o ensino europeu, que se constituiu sob os cuidados das instituições eclesiásticas católicas, a partir do Império Carolíngio.

**Experiкncia**: Ferrater Mora identificou diversos significados para a palavra *experiência*, em filosofia. No contexto do empirismo, destaca-se a experiência como apreensão da realidade externa ao homem, através dos sentidos, sobre a qual se formarão juízos. Para se verificar tais juízos, hipóteses ou teorias, um empirista propõe que se faça a operação oposta: buscar os fundamentos de uma teoria que deverão ser sustentados por sensações oriundas dos órgãos dos sentidos. Wallace se bate, neste texto, contra o conceito de experiência universal, utilizado por Hume para defender a impossibilidade dos milagres. O autor galês mostra que não existe experiência universal *a priori*, visto que as experiências contraditórias às correntes podem demolir um consenso aceito em torno de uma experiência. Assim, o que se considera metafísico por não fazer parte das ideias aceitas e corroboradas pela experiência de uma comunidade de pesquisadores de uma determinada área do conhecimento, pode ser nada mais que o desconhecido, como afirma Camille Flammarion.

**Falócia**: Termo técnico empregado pela lógica, que é uma área da filosofia. Thais Pacievitch define o sentido contemporâneo e geral de falácia como "qualquer erro de raciocínio, seguido de uma argumentação inconsistente". Há diversos tipos de falácia descritos pelos autores da filosofia. Wallace considera falaciosos alguns argumentos de Hume, mostrando a existência de petição de princípio.

**Fenφmeno**: Palavra oriunda do latim *phaenomenon* (aparição), que por sua vez vem do grego *phainómenon* (coisa que aparece), segundo Houaiss. Em filosofia, o termo ganha conotações diversas segundo o contexto teórico em que se insere. No empirismo, valoriza-se o fenômeno natural: objetos da natureza que são percebidos pela via dos sentidos. Wallace aceita a existência de fenômenos espirituais, definidos por ele como "resultado da ação de inteligências independentes", incorpóreas, em suma, espíritos como são definidos por Allan Kardec.

**Lei natural**: Regularidades constatadas na natureza, elaboradas de forma universal, ou seja, aplicáveis a todos os objetos contempláveis pelas suas afirmações. Por exemplo: "a água transforma-se em vapor à temperatura de 100 graus centígrados", ou "a matéria atrai a matéria na razão direta das massas e na razão inversa do quadrado da distância" (lei da gravitação universal).

**Petiзro de princнpio**: É um tipo de falácia ou sofisma em que, essencialmente, argumenta-se que uma verdade é porque é (A = A porque A = A). Ela não tem como provar logicamente a proposição. Em geral, a petição de princípio justifica um argumento com outras palavras, o que faz parecer que se trata de uma argumentação lógica, mas não é mais que uma repetição de ideias.

**Postulado**: Uma sentença considerada como fato reconhecido sobre a qual se desenvolve um raciocínio. A matemática emprega o termo *axioma*, com o mesmo sentido.

**Premissa:** Proposição de um argumento que fundamenta a conclusão.

**Pressuposto:** Ao se formalizar uma teoria, um pressuposto é uma ideia ou afirmação tomada como verdadeira ou aceita correntemente, ou mesmo suficientemente discutida ou conhecida, que será utilizada como fundamento a partir do qual se desenvolve o pensamento. Os pressupostos não são necessariamente dogmas, geralmente entendidos como princípios fundamentais indiscutíveis.

**Racionalismo:** Ao contrário do empirismo psicológico, o racionalismo é uma forma de fazer filosofia que se baseia em afirmações aceitas como corretas ou verdadeiras e cujo desenvolvimento em teoria é obtido com o uso de instrumental filosófico: a lógica, por exemplo. René Descartes é um dos expoentes do racionalismo moderno.

**Religiro natural:** Também chamada de teologia natural, ela tem por base a defesa da existência de Deus e de outras ideias próprias de uma religião com base em uma argumentação lógica e racional. É construída a partir da própria natureza, evitando-se a autoridade da revelação como fundamento. É uma forma de fazer religião baseada na razão e não na fé (vista aqui como uma crença sustentada por uma autoridade). Immanuel Kant é um dos autores da filosofia que analisou este conceito.

**Sobrenatural:** O termo *natureza*, empregado em expressões como "ciência natural" e "filosofia natural", tem como referência o mundo material, percebido pelos sentidos humanos. Com base na observação sistemática dos elementos da natureza, tem-se a origem das chamadas ciências naturais, como a física, a biologia, a astronomia, a química, entre outras. Estas ciências buscam explicar o que acontece no mundo material com a descrição da interação dos seus elementos, a teorização dos fenômenos da natureza com ela própria. Geralmente, os adeptos desta visão de ciência denominam como sobrenatural a ação de seres inteligentes não perceptíveis pelos sentidos na explicação de fenômenos, como Deus, deuses, espíritos, gnomos, duendes, fadas e outros. Na defesa da possibilidade da existência dos espíritos – pessoas cuja consciência permaneceria existente após a morte –, Flammarion afirma que o que é taxado como sobrenatural, e portanto místico, pode ser apenas algo desconhecido pela ciência natural.

**Testemunho**: Wallace usa o termo *testemunho* para caracterizar o relato de pessoas que observaram fenômenos perceptíveis pelos sentidos, incluindo-se os fenômenos anômalos, incomuns, que são usados como base para a argumentação da existência dos espíritos. Hume tenta mostrar que os testemunhos de fenômenos anômalos são sempre insuficientes para comprovar a existência de seres considerados sobrenaturais.

**Verificabilidade**: No contexto do empirismo, é um critério de demarcação que permite a distinção entre teorias científicas e não-científicas. Os empiristas psicológicos, como Hume, entendem que uma teoria verificável é aquela cujas premissas ou ideias fundamentais são sempre capazes de constatação pelos sentidos, ou seja, obtidas pela observação, por exemplo, pela experiência em geral.

# Índice Analítico

## A

Ação de agentes inteligentes sobre-humanos: 23
Atitude irônica das pessoas instruídas contra os milagres: 43
Autoridade, princípio da: 19, 20

## B

Boué: 40

## C

Caráter dos fenômenos espirituais: 38
Clarividência: 41, 42
Conclusões de Wallace sobre os fenômenos espirituais: 52
Contradição de Hume (testemunho suficiente): 28, 29
Crítica à definição de milagre dada por Hume: 22
Crítica ao argumento da experiência universal: 25
Crítica ao argumento da origem divina dos milagres: 33, 34
Crítica ao milagre como suposição impossível: 35, 36, 37
Cuvier: 40

## D

Declínio da crença nos milagres na história: 45

## E

Estátua de Nelson (ilustração de argumento): 35
Experiência uniforme, argumento da: 25

## F
Falácia da contradição entre religiões: 34, 35
Falibilidade dos homens de ciência: 39, 40, 41, 42
**Francisco de Assis**: 26
**Franklin, Benjamim**: 39
## G
**Glanvill, Joseph**: 26, 46, 47
## H
*História de Port-Royal* (Racine): 31
*História do sobrenatural* (William Howitt): 32
*História do surgimento e progresso do racionalismo na Europa* (Lecky): 47
**Hume, David**: 21 a 35
**Humphrey Davy**: 40
## I
**Inácio de Loyola**: 27
Ironia de opositores: 20
## L
**Lecky**: 42 a 48, 52
Líderes religiosos a quem não se atribuíram milagres: 44,
**Lyell**: 40
## M
**Mademoiselle Coirin**: 32, 33
Milagre
- definição: 22, 23, 24
- e bruxas: 38
- e Deus: 23
- e estado primitivo da sociedade: 43
- e pensamento selvagem: 50, 51
- em santo Agostinho: 49
- falsidade dos: 20
- impossibilidade dos milagres em Hume: 22, 24
- na Grécia antiga: 49
- na Idade Média: 49
- na Idade Moderna: 49

– na Reforma: 49

**P**

**Paris (abade)**: 29, 30, 49

Passes: 26

**S**

*Sadducismus triumphantus*: 26

Seres preter-humanos: 23

**T**

**Teresa (freira espanhola)**: 26

**Tylor, E. B.** – 50, 51, 52

**V**

*Vida dos santos* (Butler): 27

*Vida e martírio de Savonarola* (Madden): 27

**Y**

**Young** (teoria ondulatória): 39

Esta edição foi impressa em agosto de 2019 pela Mark Press Brasil., de São Paulo, SP, para o Instituto Lachatre, com todos os exemplares em formato fechado 140x210mm e com mancha de 105x175mm. Os papéis utilizados foram o Chamois Bulk $90g/m^2$ para o miolo e o Cartão Supremo $250g/m^2$ para a capa. O texto principal foi composto em Baskerville 12/14,4, os títulos foram compostos em Baskerville 24/24, as citações e as notas de rodapé, em Baskerville 10/12. A revisão do texto foi feita por Alexandre Caroli Rocha. A programação visual da capa foi elaborada por Fernando Luís Fabris.